AF348220

DÉCADENCE ESTHÉTIQUE
(Hiérophanie)
XX

LE SALON

DE

JOSÉPHIN PELADAN

(Dixième Année)

AVEC INSTAURATION DE

LA ROSE-CROIX ESTHÉTIQUE

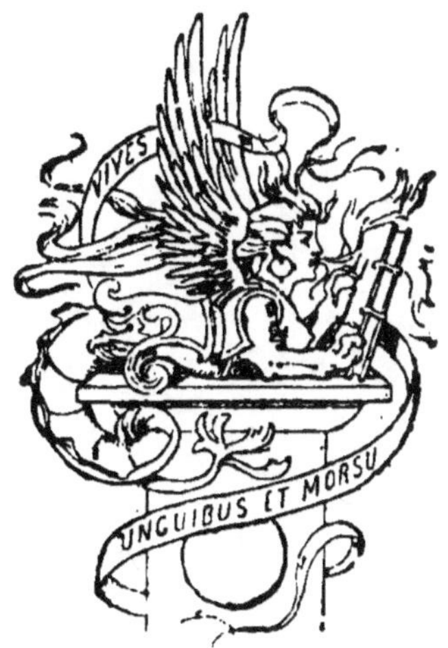

PARIS

E. DENTU, ÉDITEUR

PALAIS-ROYAL, 3, PLACE DE VALOIS

—

14 Mai 1891

LE SALON

DE

JOSÉPHIN PELADAN

L'ŒUVRE DE JOSÉPHIN PELADAN

La Décadence latine (Éthopée)

I. Le Vice suprême (1884-1891). Dentu.
II. Curieuse (1885-1891). Dentu.
III. L'Initiation sentimentale (1886-1891.) Dentu.
IV. A Cœur perdu (1887-1891). Dentu.

V. Istar, 2 vol. (1888-1891). Dentu.
VI. La Victoire du mari (1889, Dentu).
VII. Cœur en peine (1890, Dentu).

Second Septénaire.

VIII. L'Androgyne (1891, Dentu).
IX. La Gynandre (1891, Dentu).
X. Le Panthée (pour mai 1891).
XI. Typhonia,

XII. Le Dernier Bourbon.
XIII. La Lamentation d'Ilov.
XIV. La Vertu suprême.

Oraison funèbre du docteur Adrien Peladan (Dentu).. 1 fr. 50
Oraison funèbre du chevalier Adrien Peladan (Dentu). 1 50

La Décadence esthétique. (Hiérophanie).

I. L'esthétique au salon de 1881.
II. — — 1882.
III. — — 1883.
IV. — — 1883. (1 vol. in-8°, 7 fr. 50, premier tome de l'art ochlocratique, avec portrait de l'auteur).
V. Félicien Rops (brochure, Bruxelles; épuisée).
VI. L'esthétique au salon de 1884 (L'Artiste).
VII. Les musées de Province.
VIII. La seconde renaissance française et son Savonarole.
IX. Les musées d'Europe, d'après la collection Braun.

X. Le Procédé de Manet.
XI. Gustave Courbet.
XII. L'esthétique au salon de 1885 (Revue du Monde latin).
XIII. L'Art mystique et la Critique contemporaine.
XIV. Le Matérialisme dans l'Art.
XV-XVI. Le Salon de Joseph Peladan, 1886-87 (brochure, Dalou, édit.)
XVII. Le Salon de Joseph Peladan 1889 (Journal le Clairon).
XVIII. Le Grand Œuvre, d'après Léonard de Vinci.
XIX. Les deux Salons de 1890 avec trois mandements de la R+C (Dentu).

(Introduction à l'histoire des peintres de toutes les écoles, depuis les origines jusqu'à la Renaissance, avec reproduction de leurs chefs-d'œuvre et pinacographie spéciale, in-4° format du Charles Blanc; Parus : L'Orcagna et l'Angelico, 5 francs. — Rembrandt 1881 (épuisé).

Théâtre.

Le Prince de Byzance (refusé à l'Odéon le 7 mars 1890).
Le Sar Merodack Peladan (tragédie en quatre actes).

Amphithéâtre des sciences mortes.

I. Comment on devient mage (éthique) in-8° (sous presse).
II. Comment on devient fée (érotique), en préparation.
III. La science d'aimer (pneumatique), en préparation.
VI. Le temple de Rose-Croix (polémique), en préparation.
Le septenaire féminin (astrologie).

LA DÉCADENCE ESTHÉTIQUE
(Hiérophanie)
XX

LE SALON

DE

JOSÉPHIN PELADAN

(Dixième Année)

AVEC INSTAURATION DE

LA ROSE-CROIX ESTHÉTIQUE

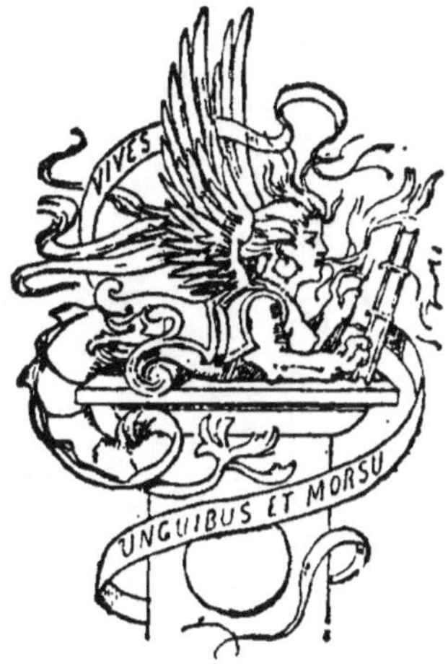

PARIS

E. DENTU, ÉDITEUR

PALAIS-ROYAL, 3, PLACE DE VALOIS

14 Mai 1891

———

*Je reçois aujourd'hui par votre art, la récompense
de mon seul amour pour un coin de terre.*

*J'ai adoré Venise, exultant à la connaître, pleurant
à la quitter; et Venise la patricienne, rouvre pour moi
son livre d'or et m'y inscrit par votre pinceau de
maître vénitien.*

*Ce portrait du Sar semble venu du Louvre ou du
Pitti, par gageure, étonner les murs de cette exposition; le Jeune Homme en satin noir se tiendrait en
face de l'Homme au gant.*

*Aucun vivant n'a été la matière d'un pareil chef-
d'œuvre. Et à ce moment où les Thersites s'ameutent
sur mon nom, votre toile est un pro Peladano! Les
misérables blagueurs de mon œuvre, comment blague-
ront-ils la vôtre?*

*Quand les lions savent peindre, le portrait devient
tableau, et vous avez la face, la force et la sérénité du
lion.*

Je n'ai pu attendre la dédicace de la Gynandre pour

*vous louer : et il ne me suffit pas de critiquer **votre** œuvre, au cours de cette monographie.*

*En doutera qui voudra, j'admirerais autant ce **fils** de doge, si je ne l'avais pas posé.*

*Pour la première fois, de nos jours, se réalise, et sur moi, cette élévation de l'individu jusqu'au **style** qui est l'essence même de l'art des Titien et des **Ve-** lasquez.*

Votre cerveau d'écrivain, si curieusement évocateur du passé, dans Maurice DE SAXE *et le* Cardinal DUBOIS, *votre double vie de grand seigneur à l'Ombrellino d'artiste méprisant le succès à Montmartre, ne sont pas votre plus grande originalité.*

Ce qui vous surélève, c'est la magistrale possession des méthodes italiennes. Il y a une sorte d'infaillibilité technique dans votre procédé; l'an dernier, vous connaissant moins, je déplorais que votre pinceau soit descendu aux choses ordinaires : ce portrait d'un si grand style montre que j'avais raison et que votre destination réside à éterniser la race et la rareté.

Vous me disiez un jour, pendant la pose, que vous feriez un beau portrait, même de M. Carnot. Je ne le crois pas, mais j'affirme que nul plus que vous n'est capable de consoler de l'absence de Titien.

La grâce féminine, vous la traduisez comme la mâle pensée; et quoique que je paraisse me louer en vous, je proclame que vous êtes le plus grand portraitiste vivant.

Quant à moi, j'irai bientôt à Venise, exultant à la revoir, pleurant à la quitter, remercier la Patricienne

de l'Adriatique, d'avoir rouvert pour moi, son livre
d'or, où je suis désormais inscrit par votre pinceau
titianesque.

Aux heures lasses, levant la tête de dessus le papier
solaire, je verrai le chef-d'œuvre de Desboutins, rappel
incessant à l'œuvre hautaine; votre pinceau a fait
la preuve plastique de mon destin : j'appartiens désormais deux fois à l'art par mon œuvre et par la
vôtre.

A Venise et à vous, merci.

Sar Peladan.

CES MM. DE LA PRESSE

_Je voulais attendre la Gynandre qui paraît en juin ;
mais je saisis l'immédiate occasion, pour déclarer ma
volonté absolue de ne pas perdre le temps à l'œuvre des-
tinée, en rectifications ou répliques._

_Je collectionne les pierres qu'on me jette : aucune
encore ne m'a atteint. J'invite charitablement ces MM. de
la presse de ne pas les jeter d'une grosseur telle que je
puisse les apporter à MM. Chéramy et Le Senne, ces
lettrés qui ont quelque maniement des choses de Thémis.
Certes, il faudrait être bien peu de chose pour ne pas dé-
daigner les vaines clameurs dont on m'honore._

_Je ne sais plus qui, je ne sais plus où, me contestait
l'autre jour, paraît-il, l'amitié et même l'estime du vénéré
Barbey d'Aurevilly._

_Or, comme le journalisme parisien ne m'insère que
recopié sur papier timbré, j'allais chez un huissier et
traversais le Louvre, j'y entrai : la Victoire de Samo-
thrace palpitait d'immortalité. Cette radieuse Walky-
rie d'Ionie semblait me dire :_

« *Indigne oriental, tu t'abaisses à défendre ta personne. Qu'es-tu si tu es : un porte-idée. Si ton idée est sainte et même que les traditions, confie-toi à ton drapeau. L'idée combat toujours pour qui l'incarne.* »

Lors, je suis allé au magasin des moulages, et pour le prix de la copie d'huissier, j'ai acheté la divine Victoire.

Elle est là sur ma cheminée, palpitante de gloire : et je m'applaudis tous les quarts d'heure d'avoir préféré l'intimité d'un chef-d'œuvre à la ridicule satisfaction de reformer le jugement de quelques philistins inexistants.

Il y a une heure seulement, une autre impression. a tout à fait assagi cette inquiétude de l'opinion imprimée : sur le boulevard, des camelots criaient : La Bible racontée par un Auvergnat, dix centimes, deux sous.

Alors j'ai déchiré la lettre demandant à ce rare esprit qui a nom Le Senne, s'il y avait lieu de poursuivre telle nouvelle infamie.

La Bible racontée par un Auvergnat, dix centimes, deux sous.

La Bible, ces sources de toute la pensée, de tout l'art, de toutes les civilisations depuis tant de siècles.

La Bible, cette source où Michel-Ange et Bossuet, les lettres françaises et l'art italien ont puisé leur génie.

La Bible et ces dix premiers chapitres qui sont le suprême sepher de la Magie. La Bible et ce livre de Job, le plus beau des poèmes de tristesse, la Bible, et ces poèmes de la colère qu'ont écrit les prophètes. Mosché, Ezéchiel, Isaïe, Jérémie, Salomon, racontés par un Auvergnat.

Ah ! malédiction sur la ville et sur le peuple, où ce crime parcourt les rues au milieu de l'indifférence : mais risée sur toi, Sar Peladan, qui oses quand Paris retentit de ce cri :

La Bible racontée par un Auvergnat,

te plaindre d'être insulté. Qu'es-tu donc auprès du Livre. Rentre en ton effort d'artiste, Œlohite un moment troublé ; sinon ce ridicule qu'on essaye de te jeter, t'atteindrait cette fois.

Songe à chaque vilenie, au cri du camelot :

La Bible racontée par un Auvergnat,

et laisse dédaigneusement passer le croassement boulevardier.

Cinq cents articles d'éreintement ne prévaudront pas contre une œuvre et une stricte honnêteté.

Ce n'est pas matière à s'indigner. La Bible racontée par un Auvergnat *doit autrement te toucher que*

PELADAN RACONTÉ PAR LES JOURNALISTES

P.

———

SALON DE L'INDUSTRIE

OU

SALON JOURNALISTE

Je pourrais dire que je ne me suis pas occupé de ce Salon, parce que mes amis et les maîtres sont au Champ-de-Mars.

Je dirai la vérité dans sa simplesse : je ne vais que là où on me reçoit avec respect. Or, aux Champs-Elysées, on ne me reçoit pas — même avec irrespect.

Pourquoi ?

Ah ! demandez à M. Francis Magnard pourquoi le *Figaro* refuse les échos de mes éditeurs, échos payés cinquante francs la ligne ?

Demandez à l'*Echo de Paris* et au *Gil Blas* pourquoi en ce seul point, ils tiennent à ressembler au *Figaro*.

Demandez à M. Buloz pourquoi il refuse d'annoncer contre payement l'*Androgyne ?*

Demandez enfin, à qui vous voudrez, pourquoi, récemment, l'unanimité du journalisme a été contre moi ?

Le Figaro et le *Temps*, journaux de bonne compagnie (que cela leur soit compté) ont dit que je n'étais pas *persona grata*, comme en diplomatie.

On a même ajouté, rue Drouot, « qu'on était mal satisfait de mon ton, que je n'étais point assez déférent. »

Par les cornes du taureau à face humaine, je crois rêver : l'homme du livre doit de la déférence à l'homme du journal !

De la politesse toujours, de la gratitude quelquefois, de la déférence jamais !

L'écrivain du livre, fidèle au livre, demeure un patricien en face du rédacteur de périodique.

Or, au Palais de l'Industrie, on est démocratique et de sentiments égalitaires : on déteste l'écrivain et on vénère le journaliste.

Jadis, Jean Alboize héroïque, me donnait le houx de salonnier dans l'*Artiste ;* mais il dut céder devant les amours-propres nombreux : que j'offensais, et qui se fussent vengés sur ce beau recueil qui florit encore après un demi-siècle toujours très en avant.

Compétent en beaux-arts et indépendant en tout, je n'ai plus trouvé une feuille si perdue qu'elle fût, pour salonner.

Fort obstiné de ma nature, j'ai publié des brochures sur le Salon ; elles ont paru en même temps que le monument d'ignorance que M. Wolff érige annuellement dans le *Figaro*.

Je n'ai jamais pu obtenir d'être traité, auteur de vingt volumes dont plusieurs sur l'art contemporain, comme un simple journaliste : je n'ai même eu de rapport qu'avec des gens fort mal élevés, en ce Palais de l'Industrie.

— *Quel journal représentez-vous ?* vous dit un peintre quelconque, au nom de ses semblables.

— Je représente une publication paraissant comme un quotidien, le matin de l'ouverture ?

— Vous êtes seul et maître en cette brochure, vous ne nous offrez aucune garantie, et puis le règlement est formel. On ne délivre d'entrée qu'au nom d'un journal.

Et comme il n'y a pas un journal dans l'univers qui ne soit hostile au Sar, celui-ci se résigne très aisément à son sort d'éconduit pour cause de non-journalisme.

Seulement, il témoigne ici de ce procédé des Bouguereau-Bailly-Bonnat afin que les étrangers cessent de se figurer que la France est civilisée, Paris une ville intelligente et les gens des Beaux-Arts, ornés de quelque pudeur !

P.

SALON

DU

CHAMP-DE-MARS

*Sous l'invocation de Wagner
et de Delacroix, de Delacroix,
le plus grand des peintres de
tout l'art français.*

PREMIERE SALLE

Du salon de réception s'aperçoit en toile de fond,
un prestigieux Puvis.

Sur le seuil, j'hésite et prends la dextre :

Sous verre, comme précieux, rendu inquiétant par
les jours que fait la glace une étonnante peinture
presque anachronique. On ne peint plus de cette
sorte.

Debout, une main gantée de daim fauve, appuyée
sur la hanche, l'autre tombant le long du corps te-
nant une houssine, un jeune homme de jadis dresse
une tête à la chevelure énorme et ramenée sur le
front.

Il porte une simarre de satin noir serrée au poignet,
et très large de manches.

Est-ce un patricien, saisi dans l'intimité de son palais? Derrière lui, une tapisserie orientale rehausse le noir aux beaux luisants du satin, éclairé seulement d'un rabat blanc.

Est-ce une gageure, ou quelque Titien inconnu envoyé au jury surpris.

Non, DESBOUTINS, a signé cette toile, et le cadre porte : *Portrait du Sar Joséphin Peladan.*

Voilà donc ce personnage si ridicule et si calomnié que les gazettes peignent en grotesque insoutenable.

Il faut avouer qu'il a grand air, ce prétendu fumiste, et que l'artiste l'a réalisé en sincérité, ce prétendu poseur.

L'an dernier, au vernissage du même Salon, ne l'a-t-on pas vu, défiant le ridicule, promener devant les quinze mille de la cohue, cette même simarre de satin noir.

Voilà donc la grande audace de costume qui le fait traiter d'arracheur de dents et de chienlit ; voilà à propos de quoi, *l'Écho de Paris,* journal qui peut passer pour respecter la littérature, raconte que les concierges lui crient, quand il entre : « On ne chante pas ici. »

Voilà, enfin, la légende des costumes fous : un simple sarrau... de satin. On passe pour excentrique à bon compte, en ce Paris potin. Le marquis Desboutins, ce peintre d'une telle probité de rendu, ce pinceau qui se briserait plutôt que de mentir, a écrit pour ceux qui savent juger l'âme d'après les traits et l'attitude, un *pro Peladano.*

Il l'a écrit dans un style sévère et parfaitement noble. Un autre se serait aveuglé par ce satin comme un taureau dans le manteau des chulos, il aurait produit « un tel dans tel rôle », tandis que, cela saute aux yeux, ce personnage porte son vrai costume, il n'est pas travesti, il est tel.

Singularité, le modèle et le procédé du peintre isolent ce cadre de tout ce qui l'entoure, c'est un rittrato-vénitien *qui revient* et non pas un icone au millésime de 1891.

Desboutins a voulu un aspect plutôt qu'une psychologie minutieuse du personnage ; il a donc cherché son effet dans la pose d'un naturel noble : et pour obtenir le sérieux, la gravité, il a peint sur un fond de tapisserie multicolore le personnage en valeurs de blanc et de noir.

On retrouve là, la leçon que le graveur a donnée au peintre, cette faculté que la pointe seule peut passer au pinceau de réaliser par le modèle seul. Mais, accordé ainsi, le tableau présente des consonnances magistrales : les matités et les luisants de l'étoffe, la cassure qui brille et fonce au-dessous d'elle, tout cela est peint à satisfaire un contemporain du génie de Cadore.

Aux portraits du siècle, ce Sar Peladan eût tombé bien des toiles prônées et je doute, en cette exposition, rencontrer un portrait d'homme qui l'égale.

Certes, *L'Enfant au chat, Le Portrait du maître, L'Enfant mi nu, La Femme en mantille*, montrent le pinceau puissant que tous les artistes admirent ; mais

ces cadres relèvent plus de l'excellente peinture **que**
de l'art. Dans le portrait de Peladan, il y a le style :
C'est là un tableau de musée; le procédé lui-même
s'est solemnisé et comme haussé, et malgré l'extrême
de l'éloge, c'est aux Titiens que l'on filie cette toile
qui était vierge, il y a un mois.

L'artiste du réel et qui s'inspire de la vie même,
devrait se cantonner au portrait; là ont leur place, les
qualités du rendu et les excellences de métier, accom-
modables avec l'esthétique. Mais Pythagore le disait:
« Tout bois n'est pas bon pour faire un Hermès, ni
tout être vivant à poser pour les siècles. »

Le marquis Desboutins me semble désigné à peindre la race et ce qu'il reste de sang bleu aux veines
françaises. Sur ce terrain, je ne sais personne à lui
comparer dans le présent : il peut immortaliser, de
l'immortalité de *l'homme au gant*, les derniers
patriciens : et se serait encore pour eux, une façon de
s'affirmer aristes que de perpétuer l'évidence des
sélections sous les couleurs de ce grand peintre, qui,
d'un revers de pinceau, déchire tout ce que la blague
d'un millier d'articles niais avait amassé de faux
semblants sur le Sar.

Puvis de Chavannes demeure le grand artiste de
ce temps; son inspiration ni son procédé ne faiblis-
sent, il œuvre toujours dans la même harmonie
grandiose.

Voici deux panneaux pour Rouen : dans l'un, des
jeunes filles tiennent des poteries, avec des airs un peu
méditatifs; elles ne porteraient pas plus religieusement

la tête d'Orphée, et c'est bien du recueillement pour de la céramique ! Toutefois, ce trop de style, nous ne risquons guère de le rencontrer chez un autre artiste.

Le paysage de l'autre panneau a une vraie importance. Puvis entend aussi bellement le décor rustique que la noblesse des figures.

Parmi les choses algériennes de DINET, *le Sahara au sud de Brazina* s'impose par sa bizarrerie ; le petit paysage au ciel pyrotechnisé intéresse aussi ; ce sont à la fois des aspects rares et exotiques, et ces aspects-là sont bien les seuls qui se puissent supporter, comme pittoresques.

Je ne comprendrai jamais que des baigneuses soient laides et vulgaires, ni des reflets de vert réverbérés si lourdement que la rivière semble un pré.

Il y a quelque chose d'aigu, de pas banal dans le troupeau de femmes maigres dont BOLDINI est le pasteur ; ce peintre de l'osseux et du blafard, avec sa palette en demi-deuil me semble du Whistler très imparfaitement enfariné. Il intéresse, mais son parti pris de lividité suppose une singulière rétine, un cerveau plus déséquilibré encore ; il pourrait prendre garde que son modelé de chair plâtreuse s'encrasse aux ombres, et je m'étonne que ses modèles féminins permettent ces traînées sales sur leur peau.

Le portrait d'enfant est tout à fait bien.

VERSTRAETZ pourrait bien comprendre une fois que le paysan, cela ne se peint pas, non plus que les animaux. Connaissez-vous les Bassan, Jacopo surtout ? Non, ce sont des Vénitiens animaliers et rusticiers.

Ils ennuient les murs où ils sont pendus et s'énumèrent en queue de l'art vénitien. *Et nunc erudimini vos qui* n'avez pas vu que l'effort de Millet tombe tout de suite de Jules Brelon, en Lhermitte puis en Laugée.

De ce Verstraetz qui s'égare dans le rustique une mer originale au burgeaut mordoré, exquis à l'œil.

Voici quelqu'un au nom karolingien qui doit posséder une âme peu commune, Osbert ; son impression de vesprée qui tombe sur l'étang s'élève à une rare intensité ; l'ombre partie de la rive plaque et métallise l'eau inquiétante à cette heure du jour : cela avoisine la belle chose.

Des nombreux portraits de Courtois, le plus réussi apparaît la femme en blanc ; il a tiré un joli parti du profil renaissance, mais le coup d'éclairage face au modèle et d'éclairage trop blanc, n'est-il pas un peu vu en projection théâtrale d'électricité : le fond ne signifie rien, tout à fait maladroit et c'est dommage, car le buste est traité en jolies valeurs de blancs de peau sur mousseline.

On aurait pu choisir un fond du caractère de la tête ; elle présente de curieux éléments à la Sandro qui sont gâtés par le parti pris d'être contemporain.

Lambert, *on ne peint pas les animaux* sinon comme *étoffage*, et si on touche au chat, il faut le rendre en sa féminité, les vôtres sont bêtes ; Baudelaire ne reconnaîtrait pas, ni les amoureux fervents ces adorables félins,

Qui comme eux sont pensifs et comme eux solitaires.

Stevens est un exemple du grand tort qu'ont les Flamands de se parisianiser. Apollon en préserve Fernan Knopff, ce subtil si intense et le robuste Constantin Meunier!

Le plus clair mérite de Stevens me paraît le modelé d'un visage, comme dans la femme en jaune jonquille et son perpétuel défaut, l'irrespect des décroissances de couleur selon le plan. Il y à Paris des murs bleu de blanchisseuse qui avancent à l'œil sur les maisons précédentes ; et telle affiche criarde fausse le plan d'un mur. Mais, dans l'art, on ne reproduit pas, ce semble, les repeints que la grossiéreté civilisée impose à la nature ; et jamais un second plan ne doit contenir de couleur saturée au point de dépasser le ton du bord du cadre.

Or Stevens, avec son faire méticuleux, fait avancer la tapisserie du fond sur le personnage : et il compose parfois bien drôlement ; voyez ce front qui émerge d'un piano. La Dame en bleu au crépuscule doit étouffer, il n'y a point d'air dans cette toile. Quant à l'*Ophélie* ou la Velleda qui fait le signe de l'ésotérisme, elle semble conçue par Gérôme. Le mieux de tout ces Stevens, c'est la tête et le bras nu de la dame en jaune.

Khuel, on ne peint pas les intérieurs d'église ; il y a des photographes pour ces besognes et des ateliers de coloriage pour stéréoscopes.

La petite aux épis de Baudouin nous mène à une extravagance de Saintin. Une courge, un bateau, une bête paysanne, et cela d'une brosse lourde et de format colossal. Lobre, du moins reste dans des dimensions convenables, pour ses intimités, mais ne pourrait-on pas le conduire en lieux plus élégants; c'est fort ennuyeux, surtout en peinture, la bourgeoisie : et puis le rouge qui fait cape à la fillette est-il dans sa valeur de dernier plan?

Après des ciels curieusement tourmentés de Mesdag, voici de l'Art véritable et haut, voici Puvis.

Le Puvis de *la Saône* et du *Rhône*, le paysagiste splendide qui étale de beaux nus qui se baignent. Ce sont des rhytmes plastiques plutôt qu'une composition descriptible ; ce sont des eulmopées de forme et de couleur semblables à certaines phrases virgiliennes des grandes partitions de Haëndel.

Sitôt après, la Contemporanéité, même Hoffmanesque nous assomme par les soins de Zorn. Vainement il a jeté une pénombre macabre sur ce coin de danseurs ; l'habit noir en projection sur la danseuse réalise la laideur dans la gaucherie. La Kermesse de Rubens a un sens, nettement grossier, mais très vivant : ceci fantomatique et inélégant ne vaut rien.

Il y a un instrument bête en lui-même, le cornet à pistons, il fait des solis sur les places publiques, dans ces morceaux de bruit pour pandours, qu'on nomme musique militaire. Marest m'a fait ressouvenir de cette abomination nationale, qu'on appelle pas redoublé ou polka pour piston ; sa dame violette, encadrée d'un paravent rouge en lumière crue, est aux yeux, de la fanfare à piston.

A ce propos, il s'est commis pour l'anniversaire de

89, un chahut bien digne de cette date. On réunit douze cents musiciens de régiments et on leur fit jouer à ces douze cents, du Jonas et *Viens, Martha, je te pardonne.* Soixante trombones embouchés sur cette phrase; n'est-ce pas toute l'oreille française en musique, cette oreille qui trouve Wagner bruyant, cette oreille d'âne qui n'écoute pas le soir de Tannhauser, et qui plus récemment, au concert Lamoureux du Vendredi-Saint, n'écouta l'ouverture de ce même opéra, que parce qu'il est mondain de considérer le dernier morceau comme l'orchestration de la sortie !

Wagner nous a donné les femmes-fleurs dans l'épreuve instinctive de Parsifal, Roll nous donne les filles-fruits. Ce ne sont pas des âmes, ces demoiselles. ce sont des pêches. Elles rayonnent de pulpe savoureuse. Mais de plus hautes ambitions furent tentées et voici un amiral cramoisi qui prétend valoir Innocent X, de Velasquez, et les trognes du Caravage. Oh! l'étrange exposition! Sur l'herbe, deux femmes nues se boudent, un bicorne de polytechnicien, une tête de ministre, tout cela très grotesque. N'est-ce pas abuser du public que de servir des morceaux de peinture si laids. Du reste, je ne saurais descendre jusqu'à parler des bodejones : et je quitte la salle, après un regard à la dame au manteau d'Altamura.

TRAVEE

De la peinture religieuse? Ceci mérite de s'arrêter et sincère; semblable cet ensevelissement à un primitif flamand grandi : curieux effet de paysage. François Lafon a fait un louable, très louable effort : Sa rencontre de saint François d'Assise avec la Pauvreté, quoique moins valente, vaut encore qu'on la mentionne avec honneur. D'autant que la canaillerie moderne s'étale tout à côté.

Chabas (ce nom a été illustré par un grand égyptologue, à qui la France refusa d'imprimer ses travaux et qui reçut les caractères nécessaires de l'État allemand), Chabas intitule *la famille*, des personnages de l'Assommoir endimanchés et vautrés sur l'herbe rare des fortifs ; il nomme encore *Repas nuptial*, une goguette de barrière, avec lampions assortis. Voilà ce que la France fait de la fresque, la France municipale, car ces panneaux sont pour la mairie de Montrouge ; mais, puisque les maires veulent marier en musique, l'orgue de Barbarie et à un seul air, la *Marseillaise* me paraît suffire aux choses et aux gens de demain : Quelle ère féconde que la laïcité ; l'art de la République sera vraiment neuf et sans précédent.

DEUXIÈME SALLE

La ligne du corps vaut, chez la femme en blanc de BLANCHE, mais la tête un peu bien vide d'expression. Le portrait de Maurice Barrès, par le même, ne rend pas le côté replié et résorbé de cette nature où le dandysme a stratifié par dessus une couche primitive très sentimentale. L'œil interroge trop. Barrès au figuré regarde en lui.

GANDARA suit Whisler en sa miss fantomatique et mince dans la pénombre.

Impressions marines de vraie saveur.

Pourquoi d'ERRAZARIA touche-t-il à la peinture religieuse? ce bohême en peignoir blanc et cette pierreuse, un *Noli me tangere!* Quelle audace!

Mon opinion sur les envois de GIRARDOT est inexprimable, le laid n'étant pas le but de la peinture.

En voici bien d'une autre! La *Fuite en Égypte* de LEROLLE, une grappe d'anges qui flotte dans l'air, tandis que d'autres précèdent à pied. Ces essais de religiosité hors la foi sont ridicules et impies.

DANNAT expose des gitanas et leur capitan vus chez elles; ce doit être très sincèrement rendu, l'impression est ignoble.

Whistler, ce maître d'étrangeté, n'a qu'un suggestif portrait de femme et une rade vue comme en rêve, d'une impression profonde.

Une excellente étude de femme au torse nu, montre tout ce qu'on peut attendre de Jean Gounod, un sincère et un chercheur.

Des envois de Sain, la *Roussotte* seule est à citer.

Gervex a usé d'une exécution bien tapageuse dans sa femme au chien et son escrimeur ; mais il a abusé de l'incohérence supportable dans ce plafond où il y a un petit Apollon, de grands marquis flûteurs, flanqués de Cupidon, des dos de fauteuils d'orchestre et des épaules de spectateurs. Voilà donc le moderne et le parisianisme ! Que dirait même un Annibal Carrache devant une pareille facétie décorative ? La tradition, monsieur Gervex, restera le *sine quâ non* de l'œuvre d'art, et pour parler dans vos tons :

« Vous l'avez à l'œil et la balancez ferme. »

Un charmant panneau signé Floquet, représente un preux de légende rhénane perforant de sa lance un dragon ; je signale cette notable chose aux wagnériens, c'est-à-dire à ceux qui ont une vraie notion dé l'idéal.

Billotte continue à jouer le Canaletto parisien ; c'est très ça et très laid.

Duez a empourpré une vaste toile d'un cardinal à faire envie aux fanfares de Carolus Duran.

Toujours émouvant, Eugène Carrière redit sa note de mélancolique intimité et fait des Greuze embrumés.

Le Midi de Montenard ressemble au félibrige ; la couleur est bruyante.

Une des très jolies choses du Salon, la *Valse de jeunes filles* de Prinet ; vue ainsi, la modernité garde du charme, et aussi sincère que du Carrière, cela contient plus de gracieux, une perle de ce salon.

D'Eugène Carrière, une tête très excellente de satyre désolé qui est la pourtraiture du poète très exquis de Sagesse : Paul Verlaine.

L'intention décorative de Karlow n'est certes pas du Séon, de ce beau Séon, de la mairie de Courbevoie.

SALON DE REPOS

Parmi le désordre encore régnant, quelques panneaux décoratifs et des esquisses de panorama de Stevens et de Gervex.

TROISIEME SALLE

Breteigner nous introduit dans l'atelier de **Meis**-sonier : pas un antique, pas un chef-d'œuvre **ancien**: de la vanité et du bric-à-brac.

De très honnêtes paysages de LEBOURS, puis **deux** jeunes femmes d'une très jolie chair par BESNARD.

Une étonnante marine de SÉON ; la mer balafrée d'un jaune tragique et le *Désespoir de la Chimère.* Au seuil de sa caverne, sur son roc en lapis cœrulé la bête au buste de femme se déchire les pattes **et** pleure, en proie à un énigmatique désespoir : belle idée rendue en coloriste, mais moindre que sa Jeanne d'Arc. La Pucelle est peinte au moment où, sous **la** pression providentielle, elle se prête serment à elle-même. Ce mouvement d'âme est rendu par une ten-sion des bras, poings fermés, dignes de la statuaire. Je connais peu de mouvement aussi intensément expressif.

Une tête de fillette à l'épi d'ANTHONISEN et l'**effet** d'automne d'HARRISSON passés, nous voici en **face** d'une énormité.

Pauvre BÉRAUD, pauvre envoûté par l'ignoble bou-levard Montmartre, le Montmartre immonde ! **J'ai** cru à une impiété ; mais Durand Tahier, l'homme le plus aimable de France après Jules Claretie, m'a dit que vous étiez bon catholique et pratiquant, je vous plains d'avoir été déformé par l'atmosphère absurde où florit cette pestilence nommée l'esprit français.

Chez un viveur, à un dîner d'hommes, d'hommes en redingotes et à cravates plastrons, tandis que l'un allume sa cigarette au candélabre et que la bonne apporte la cafetière en ruolz, vous jetez par terre une femme en toilette de bal, puis vous asseyez Jésus-Christ et le faites haranguer en ce milieu.

Vous n'avez donc pas un ami qui ait le sens commun : je croyais à une mauvaise action, monsieur Béraud, ce n'est qu'un fait de possession.

Ah ! devant votre toile sans nom, j'ai remercié Dieu de cette haine dont le boulevard me poursuit ; je bénis cette presse qui m'insulte, je bénis tout ce qui m'écarte du contemporain, du collectif, du parisien, et le jour où l'insulte cessera, j'aurai peur, je me tâterai, terrifié à la pensée qu'ils ont découvert en moi quelque chose qui leur ressemble.

L'ostracisme, c'est parfois le salut pour l'ostracisé : vous m'aurez réconcilié avec mes Thersites ; c'est tout le succès que vous devez espérer de votre œuvre démente ; et si vous êtes bon catholique, effacez-la, monsieur Béraud ; même inconsciemment, même sur une toile, il faut pas que Jésus demeure encanaillé, quand on tient à son salut.

Au-dessus du curieux chevalier légendaire de Flo-

quet, un cadre, malgré sa petite dimension, retient le
regard : la coloration étrange révèle un suivant de
Delacroix ; dans la pénombre bleue de la nuit, un
buste de femme fée, *Titania ;* la tonalité vert et
bleu nocturne exprime le caractère vénusien de
l'amante d'Oberon. Mais cela ne fait pas même pres-
sentir l'extraordinaire artiste qui a nom R. DE EGUS-
QUIZA.

Il faut voir son nain Aberich volant le trésor des
filles du Rhin, ou son admirable Koundry insufflée
par le sorcier Klingsor, pour comprendre le reflet fé-
condant que l'œuvre de Wagner projettera bientôt sur
l'art entier.

Comme Gustave Moreau, qui a eu l'indigne fai-
blesse de se laisser mettre à l'Institut, comme s'il ne
fallait pas laisser ce titre ridicule à ceux qui n'ont
pas de talent ; comme Gustave Moreau, mais plus
hautain et méprisant les décorations et les médailles,
R. de Egusquiza répugne à livrer à la banalité des
salons ses grands poèmes, qu'on placerait entre un
bodegone et un portrait de bourgeois. Le bel exemple que celui de cet artiste : il garde en son atelier
plusieurs toiles immenses et qui forceraient le public
à admirer, par respect de son rêve. Je comprends
cette hauteur aristique quand on a réalisé de si
idéales peintures.

Je n'oublierai jamais mon émotion première en
voyant son Amfortas. Le Grand Maître du Graal, af-
faissé sur un tertre, gémit du gémissement sans fin,
de la douleur morale ; il porte au cœur son indignité

qui le ronge, comme le vautour dévore le flanc de Prométhée. Ses Tristan sont d'une splendeur de vertige indicible, et je ne puis mieux dire de lui, qu'en le manifestant l'écho de Wagner comme artiste, le reflet de Delacroix comme peintre.

Boutet de Monvel, jeune fille en bleu très pâle sur fond très bleu ; le ton fatigue comme un mur qui réverbère, assez heureux anglicanisme.

Deschamps va doubler Henner dans le *copiste de soi-même ;* toujours des babys et des filles-mères effarés ; l'ennui de cela n'a point d'expression ; des gens de métier trouvent la peinture de très bonne qualité.

Mais ce ne sont pas les gens du métier qui font la gloire ; sans cela, Chardin serait mis au-dessus du Poussin.

L'esthète, c'est-à-dire le métaphysicien seul distri‐ bue les valables couronnes ; il se trompe quelquefois, mais son erreur tient au manque de documentation, et l'érudit la réforme. Stendhal disait Carrache, Canova, Cimarosa, mais connaissait-il vraiment dans leur génie Signorelli et Sandro, Donatello et Beethoven, il manquait de science plus que de goût.

Agache a fait l'Annonciation, j'ai honte à l'écrire, moins discrète de tenue que la scène de Chérubin et de la comtesse de Almaviva : l'ange est tout contre Marie ; et puis il garde une trop vive constance à ses modèles, jadis c'était une vieille femme revenante en diverses allégories ; maintenant ce sont des figures au nez brusque de gamins, à l'expression ingrate, et sans doute d'éducation laïque.

Point a trois envois de premier ordre et qui satisferont même les réalistes : ce sont trois plein air féminins, très différents et d'un sentiment exquis. Ce jeune peintre, qui sera demain un maître dès qu'il haussera son art au mythe, justifie le bel avenir que j'annonçais l'an dernier devant sa *Joie des choses*.

La femme qui sourit dans un champ de marguerites est une petite merveille de grâce, et l'accommodation de la personne avec le paysage réalisée avec un art sûr en sa délicatesse. Quel pré-raphaëliste appuya jamais au support d'une vigne grimpante, plus sérieuse et jolie miss à l'âme intacte et pure encore comme une fleur à son premier épanouir!

Témoignant d'une plus grande difficulté vaincue, la baigneuse qui avance son pied nu et tâte l'eau que bordent les hautes herbes, me paraît d'un art neuf, original et sincère, et sans cette perte totale de la grâce, inhérente aux coutumiers efforts de procédé renouvelé. Le soleil frappant ce nu joli le contourne et blanchit le galbe, fonçant la partie en pénombre : ces caresses de rayon sur un côté du corps sont poétiques et techniquement enlevées.

Point est appelé, non pas à prendre des femmes en robes de Redfern, mais des *femmes en âme :* le noble destin d'artiste, car la matière ne peut jamais nous pousser au vulgaire ; il faut rester joli sinon beau.

Passons devant l'effet de Salken mondain, de Hontharst, élégant qu'a cherché Latouche en faisant projeter par une lampe sur une gorge de la pénombre chaude et voyons l'artiste qui a le moins peiné à peindre avec ses pinceaux et à se servir d'une palette à lui, vous le nommez : Ribot.

On dirait du faux en peinture espagnol, laid, ennuyeux, monotone et inlassable, il continuera à débiter ses morceaux de l'Espagnolet. Mieux vaut Henner, il ne copie que son premier tableau, mais il a fait un premier tableau, tandis que Ribot a dû débuter par une copie de cet art, où il n'y a de grand que Velasquez.

Meissonier fut donc ému en 1848 ; sa barricade après le combat est une page inoubliable, beaucoup plus grande que sa *Rixe* et ses *Joueurs de boule*, certes. Impression notée en une heure devant le réel effrayant, ce croquis vaut plus que tous ses tableaux ; page d'histoire et page d'art intense ! Je ne croyais pas ce peintre d'uniforme, capable d'un si beau dessin : il le faudrait au Louvre.

Louis Picard a donné une physionomie très intelligente à ses jeunes femmes. Il côtoye même le style par celle à demi couchée et nue sous la gaze : je me suis ressouvenu d'une Pandore de Jean Cousin, et c'est très honorable de rappeler un tel maître, même de loin.

Perrandeau mène à la communion les religieuses du Saint-Sacrement ; mais ses valeurs blanches sont pauvrement traitées.

TRAVÉE

Grand effet nocturne sur la Seine, en face du Trocadéro, de Guignard.

QUATRIÈME PARTIE

Cazin, avec plusieurs paysages moins caractérisés que ceux des années précédentes : la saveur d'exécution diminue, aucun parti pris, rare et significatif dans le ton ; et enfin une entente un peu trop littérale de la nature. Ce n'est plus le maître de l'Ischmaël.

Carolus Duran a juré d'aveugler les dames par des éclats d'étoffe à rendre taureau une vache : ce qui en provençal signifie, je crois, affoler la paisibilité même ; seulement, ce peintre voyant oublie que la lumière ambiante modifie étrangement la coloration d'une femme : et la réalité ne donne jamais des nappes uniformes, fût-ce en rouge. Puis, les têtes en émail qu'il est forcé de mettre au-dessus de ces robes bruyantes, disparaissent à l'œil, inintéressantes. On sait que voilà une belle madame ; mais le caractère psychique, l'individualité de la belle dame, il n'en a cure ; puis il les pose de même et leur donne un mouvement de tête similaire. Portraitiste luxueux et d'un apparat un peu parvenu et prétentieux, il affirme chaque année que la tête est accessoire et l'expression pernicieuse dans un portrait. Que je sois condamné à lire le Dictionnaire philosophique de ce journaliste de Voltaire si je puis faire la psychologie des modèles de Carolus Duran ! Et quand un portrait ne donne pas la caractéristique d'un personnage, est-il bon ? Il a aussi une Danaé sur du noir (tous les raffinements).

R. Ménard s'est tiré d'un sujet difficile ; en subordonnant les figures au paysage, il a produit un Adam et Ève intéressant et qui ne choque point ; la coloration de la femme est jolie, mais pourquoi la pomme verte? on dirait une intention d'esprit ; et en art l'esprit ne vaut, j'entends cette ignominie dite esprit français, qui est bagout rue de Varenne et blague à Montmartre.

Rosset Granger, nudité au falot rouge : de Jeanniot une mondainée et scandaleuse bêtise, le mariage d'inclination de Frappa. Le jury qui reçoit cela fait tort aux vingt mille imbéciles qui ont déjà acheté la gravure du mariage de convenance du même.

Dubuffe fils a l'idée étrange, pour un peintre, d'emprunter à La Fontaine et ne pas même le suivre. Une femme nue gazée est la fourmi, une femme nue, vue de dos, est la cigale, le tout accommodé en kakemonos.

Que ce soit décoratif, si l'on veut, cela n'a aucun rapport avec le titre.

Ary Renan, pourtrait Ernest Renan. C'est d'un bon fils ; est-ce d'un bon peintre ?

Dagnan Bouveret a pris une importance; on le sait, et il ignore où il va. Ses conscrits ont l'air conscients du triste sort qui les attend. S'abrutir pour la patrie, ne semble pas les séduire, on dirait le cortège des damnés à l'autodafé patriotique. Au reste, l'Inquisition n'était pas plus redoutable que le recrutement. On a attendri un inquisiteur ; on n'attendrira jamais un officier.

Le premier tort de ces conscrits c'est leur gravité digne des paysans de Millet : dès que la patrie nous appelle, on se soûle, on se soûle et on braille afin de perdre conscience. Au lieu de cela, Dagnan les a faits conscients et penseurs ces pauvres jeunes gens destinés à saccager les abbayes de Solesmes ou à profaner les pagodes de ces Chinois auprès desquels nous sommes des barbares.

Quel dommage que le talent de cet artiste s'épuise aux lourdeurs vivantes et qu'il ne vise pas au style. Il pourrait commencer en France un mouvement similaire au pré-raphaélisme.

DESSINS ET GRAVURES

CINQUIÈME SALLE

Une excellente gravure de Lunois d'après l'Attila de Delacroix à la bibliothèque du Corps législatif.

Savent-ils, MM. les peintres, que cette bibliothèque contient la Sixtine et les Chambres françaises, que là, la composition du Poussin s'allie à une beauté de procédé singulière. Au retour de l'Italie, c'est la seule œuvre française qui résiste aux comparaisons du souvenir.

Ce sont des merveilles : cet Orphée civilisant la Thrace, les bergers kaldéens adorant les étoiles, Hérodote allant demander aux mages de Babylone la clef des traditions et Numa et Démosthène déclamant et Senèque mourant, et dix autres splendeurs. C'est là, peintres, qu'il faut aller étudier et à genoux M. Carolus Duran, à deux genoux, car Delacroix c'est le Wagner de la peinture moins complet, mais parallèle.

Séon, le peintre de la *Grande Pucelle*, de la *Marine*

et de la *Chimère*, déjà vues, a trois dessins pour les couvertures de la *Décadence latine*, tout à fait surprenants. Au-dessus des rocs étranges de Bréhat, que lèchent les vagues, roule dans le ciel au lieu de lune, la tête médusée par l'énigme sexuelle, de l'*Androgyne*, Samas

Un ange descend miséricordieux et d'un geste rend l'espoir à ces femmes damnées de Baudelaire, peintes au neuvième roman de l'éthopée, pour ce mois de juin, LA GYNANDRE.

Le dernier destiné à la réimpression du vice suprême, étonne et rend songeur.

De la terrasse du Bas-Meudon on aperçoit les ruines de Paris ; les Barbares sont venus, la tour Yankee dresse un débris de féraille dérisoire dans l'air oppressant.

Seule, orante éternelle une croix où est clouée la tête du dernier Latin ; par terre sur une pierre, l'épitaphe de ce qui fut si grand tant que ce fut chrétien :

Finis latinorum.

Une charmante tête de femme gravée par DESMOULIN. Puis deux admirables estampes composées et gravées par KLINGERS. Un *vox clamantis in deserto* du plus grand style et une énigme : sur une statue tumulaire au corps effacé, à la tête relevée et comme seule vivante un amour est accroupi ; au fond un mystérieux bosquet aperçu sous un portique très orné.

De très belles estampes du maître graveur Marcellin Desboutins ; je reconnais le seigneur Chéramy, de face, avec son regard aigu et pénétrant.

SIXIÈME SALLE

L'envoi de Léon Frédéric tient tout un mur : son allégorie de la terre, une laideur ; figurez-vous un mauvais Jordaens en noir et blanc, sans couleur. La série du lin plus sincère que du Lhermitte est dépourvue de style.

Si ODLER ne manquait pas de goût ou s'il en acquiert, je me fais garant de son avenir d'art. Ses différents dormeurs sont merveilleusement étudiés ; le cauchemar qui s'accroupit noir et informe sur une poitrine, a de l'effroi : les chairs laides de ton et des tiges sans raison d'être gâtent un peu ce noble effort : mais l'intensité est obtenue ; le tableau est inoubliable, il contient donc de l'art, et promet grandement.

SEPTIÈME SALLE

Intéressante Parisienne de Mlle BRESLAU et une Diane laide de GIMAS, une Diane laide, est-ce possible : il est vrai que M. Falguière a fait une Diane garce ! ANQUETIN lui fait un crépon avec une Parisienne : imiter cet art de deux sous, cet art fou de l'Extrême-Orient, si peu après la mort de Delacroix, quelle décadence ! au pays du Poussin.

GANDARA a trouvé la pénombre de Wisttler pour sa miss apportant le thé.

Charmante idée que cette envolée d'anges à chaque battement des cloches du soir et qui fait honneur à SCHWABE.

Du même, trois petits dessins mystiques, exquises et originales miniatures.

BÉTHUNE expose une rangée de jolies femmes, et BOLDINI fixe un joli sourire aux lèvres de sa femme en sortie de bal.

Il dénude une autre aux épaules maigres, cet homme a le sens de l'indécence des os ; seulement ce qui le diminue c'est son impuissance à varier son procédé, et toutes ses pourtraictures se ressemblent : il déforme donc les êtres qu'il peint.

Dans la travée, une toilasse de panorama représente la sortie, c'est-à-dire la cohue d'un régiment allant au rempart : c'est la seule chose militaire du Salon, ne nous plaignons pas. Bellone n'encombre pas cette fois. Ah ! Bellone ! Dire que Neuville a une statue et que Delacroix l'attend, voilà qui donne une fière idée du patriotisme français ? On insulte Wagner au nom des provinces annexées, mais on se garde de jouer les opéras de Berlioz et de Franck. Paris et la France n'ont qu'un ennemi : l'idéal, et une religion : la blague.

SCULPTURE

Cette fois, la statuaire a son jardin, **M. Dalou y**
dirige les bustes et les fontaines, et toutes choses.

On m'a dit que l'accueil fait par le jury à l'œuvre
de Bartolomé ne fut pas enthousiaste. Je l'ai vu dans
de mauvaises conditions, non montée, et cependant,
j'en parle tout d'abord comme du plus méritant effort vers l'idéal qui soit ici.

Il paraît qu'une douleur vécue a inspiré ce monument funéraire : je n'oserais toucher même avec un
vrai respect au cœur de l'artiste.

Conçue dans la forme du Colombarium d'Italie, le
tombeau se compose de deux hauts-reliefs. Un ange
de la mort va rabattre la dalle sur un couple jeune
nu et côte à côte, avec leur enfant. Ce dernier morceau vaut de sentiment autant qu'une chose médié-
viste et c'est bien construit.

Accessoirement un enfant pelotonné sur lui-même,
et puis — ici l'influence tortillante et empaquetante
de Rodin — une mère roulée autour de son enfant

mort, mauvais parti pris qui n'étonne que des littérateurs sans connaissance de la statuaire.

On m'a livré un propos de M. Desbois qui ne doit pas mourir ; dans une discussion il a cité en exemple « qu'il n'y avait pas d'idée dans la Vénus de Milo ».

Tout l'art est idéographique ; il faut le comprendre et ce ne peut être le fait d'une époque laïque.

Le mouvement de la Vénus de Milo, Monsieur Desbois la classe parmi les statues panthées. Son mouvement tendu du côté droit, même du bras absent qui tenait une pomme, signifie l'inquiétude (côté gauche en retrait) du devenir.

La virilité forte des jambes et la mollesse du buste redisent la même idée. M. d'Orcet a précisé cela « l'instable qui désire se fixer ».

Cardonnier a mis une femme à plat ventre et lui redresse le buste en sphinge : ce mouvement plus gymnique et clownesques que sculptural.

Dalou, le puissant seigneur que je sache. En 1888, mon *Salon* paraissait chez un de ses parents qui implora des adoucissements à ma critique, de peur des foudres de la parenté. Cependant je ne lui contestais pas son mérite de sculpteur. Quant à l'artiste en lui, c'est un hérésiaque : par ignorance, il continue son modelé de peintre, sa composition de tableau et ses formes Anversoises. Le tondo de sa fontaine a de la vie et de la gaieté, mais réduit à un couvercle de coffret, cela vaudrait préférablement. Ils sont quatre à vouloir barbouiller de raisin une nymphe ; et cela tourne en cercle ; le statuaire a obéi inintelligemment au cercle parfait qu'il avait tracé comme limite et rebord d'œuvre.

L'autre fontaine d'Injalbert, plus simple, est faite d'un Cupidon appuyé à une chose qu'il faudra changer, c'est informe et joue l'obus planté droit.

Bourdelle a retroussé à la Pajou les chairs spirituelles d'un buste de femme.

Escoula, un sincère ; son Angélique est un mi-corps, d'une mysticité vraiment pieuse ; avec ce sentiment de pureté, on peut se hausser jusqu'à l'art religieux.

Injalbert a conçu sa mélancolieuse, récente ; le fripement de l'étoffe n'a pas la ligne tombante qui est celle de la mélancolie, ce n'est pas cassé de plis mais fripé. Il est vrai que les sculpteurs baptisent comme le cardinal Lavigerie mande, insconsciemment.

Dampt a mis une tête et a fini le bronze à cire perdue d'Etcheto, le défunt et admirable auteur du Villon.

Cette bacchante a de l'intensité, mais le serrement des cuisses, quoique très expressif, manque de noblesse, évoquant trop de matérialité cynique.

D'Harglun, petite chose bien faite, un peau-rouge mort flairé par son cheval.

Dampt qui montre ailleurs un Cupidon, sculpture en bois, étonnant de vie et de maîtrise technique, donne ici un buste de femme d'un intérêt rare chez les bustiers, d'un intérêt psychique.

Le sourire et ce qu'il crée d'accidents de modelé.

Un masque en agrafe indique que le modèle relève du théâtre. Dampt doit être considéré comme un des plus nobles artistes de ce temps : à un savoir incontestable, il joint une conscience extrême et une véritable volonté d'idéal. Puis, il passe les autres en un point, il travaille lui-même : marbre, pierre, bois et métaux. Voilà la marque du sculpteur de race, de la grande race Renaissance. Il a envoyé une bague et il eût pu exposer le marteau de sa porte qu'il a forgé.

Charpentier expose beaucoup de médaillons et le haut-relief d'une femme lourde enjambant le rebord de sa baignoire : cela est singulier pour choix de sujet.

L'Orphée, féminin de *Noël*, a de la grâce.

Pour finir, j'ai vu dans les travées de l'étage, une chose fort laide signée Gauguin. On dirait d'une reproduction polychrome d'une chose mexicaine. En sculpture, ni exotisme, ni monstre et surtout pas d'inscription : le rythme des corps suffit à dire tout ce que cet art comporte, mais il ne doit parler que le style noble :

Tout relief doit être beau, impérieusement.

A LA CANTONADE

Réduit à m'expliquer (non à me défendre, je ne le daignerais pas) pour sauver du discrédit où on me veut jeter, les idées saintes que je manifeste et défends, je suis forcé, au lieu de professer mon indifférence des contestations, à me roidir pour que mon drapeau ne penche pas.

Que les artistes se tiennent pour avertis d'abord que j'œuvre de façon à n'envier aucun d'eux, et que derrière le critique d'art il y a un romancier, un auteur dramatique et un étudiant perpétuel.

Qu'indifférent à leurs coteries, je poursuis deux recherches : *ma culture,* elle veut que j'entende tous les arts et qu'en tous je sois esthète ; ma mission, elle ordonne que je dise implacablement ce que je suis seul à dire. Donc, sans être aveugle à la technie, le peintre et le sculpteur n'existent pour moi que dans la mesure, où ils idéalisent. Je ne donne mon temps et mon attention qu'à *l'art,* et je nie tout ce qui ne vaut qu'au procédé.

La nature morte, fût-elle de Chardin, n'existe pas.

Jadis, dans mes Salons, j'accordais une critique aux animaliers, aux rustiques, j'avais tort.

Assez d'autres, — tout le monde saluera le portait ressemblant du quelconque, la romance patriotique et l'habileté de l'artifex. Ma fonction réside à signaler la beauté extrinsèquement aux procédés peccables ou impeccables.

Je crois que le but de tous les arts, c'est le beau ; et je m'accuse d'avoir jugé acceptable la représentation du temps présent, qui n'appartient qu'au saccagement d'un très prochain avenir.

Sed victa Catoni. Je ne serais pas le néo-platonicien professant qu'on connaît, je défendrais encore la cause de l'Art, contre les peintres, œuvriers de palette et les praticiens de la sculpture ; car cette cause est celle des vaincus maintenant.

Le jury du Champ-de-Mars est aussi hostile à l'idée abstraite, religieuse ou simplement aristique que celui des Champs-Élysées.

Il y a encore quelques tours d'ivoire à Paris où l'on œuvre comme prient les moines ; il y a les splendeurs wagnériennes des Eguzquiza, les mythismes d'Antoine de La Rochefoucauld, les psychologies de dessin de Gary de Lacroze, ce rare esthète, conscient de la beauté dans son essence et qui se révèlera par les types planétaires de la femme, admirables complémentaires de mon texte.

Enfin, ce qui est patricien et ce qui est mystique n'a rien n'a espérer ni de Carolus Duran, ni de Bougereau. Officiellement, l'idéal est vaincu, comme le chevalier Waltner fut repoussé par les Beckmeser ; mais au printemps prochain, ce souffle qui ouvre les cœurs et les portes au temps d'Adonis, verra j'espère, une manisfestation de l'art contre les arts, de l'idéal contre le laid, du rêve contre le réel, du passé contre le présent infâme, de la tradition contre la blague.

Si le divin Jésus bénit mes efforts et ceux de mes pairs, cette fête de l'idéal réjouira les chœurs angéliques et réconfortera ceux qui peinent pour beauté et rêve maintenir.

Je ne suis rien qu'un croyant qui a saisi le gouvernail de la nef isiaque, parce que la barque de salvement allait à l'aventure.

Je ne suis rien que le plus humble des nautes de l'Argo humain mettant le cap sur le phare de l'Éternité.

Il ne faut pas dire au pilote qu'il est orgueilleux de tenir tête à la mer ; au port, il s'agenouillera le premier, criant comme son ancêtre spirituel Hugues des Païens :

Non nobis, Domine, non nobis, sed nominis tui gloriæ solæ.

ACTA ROSÆ CRUCIS

LA ROSE-CROIX DU TEMPLE

Sous le Tau, la croix grecque, la croix latine, devant le Beauseant et la Rose crucifère.

En communion catholique romaine avec Hugues des Païens et Rosencreuz, le SAR PELADAN, maître de l'ordre de LA ROSE-CROIX DU TEMPLE, assisté du septenaire des commandeurs LL. SS: GARY DE LACROZE, COMTE DE LARMANDIE, COMTE ANTOINE DE LA ROCHEFOUCAULD, SIN, ADAR, SAMAS.

Ordonne :

Au nom de Jésus seul Dieu et de Pierre seul roi ;

A tous ceux qui entendent le douzième verset du second chapitre du Bereschit : sous peine d'être rejeté de l'ordre à jamais ;

De concentrer leur effort de lumière sur le plan artistique ;

A cette fin, et dès cette heure est créé — les instructions restant secrètes

LA ROSE † CROIX ESTHÉTIQUE

Verbifié à Paris, en la fête de l'Ascension du Rédempteur ; et signé des sept :

Sar Peladan, Gary de Lacroze, de Larmandie, Antoine de La Rochefoucauld, Sin, Adar, Samas.

INSTAURATION

DE

LA ROSE - CROIX ESTHÉTIQUE

PAROLE

Du Sar de la Rose-Croix à ses pairs.

Magnifiques,

Il y a dix-neuf siècles, que la seconde personne de la Sainte Trinité, Dieu le fils est venu sur la terre.

A ce moment les Esséniens possédaient un corps de doctrine théologique supérieur au séminaire actuel de Rome.

La vérité abstraite n'agissant que sur l'exception, le monde pourrissait, malgré un groupe de penseurs aussi illuminés que ceux de la Révélation primitive.

Parmi eux, les uns reconnurent la nécessité d'évoluer sur le plan animique, les autres obéissants à l'infatuation cérébrale se séparèrent de l'Église commençante.

Loin de moi la pensée d'instruire le procès d'Ammonius Saccas, nous sommes des gnostiques, des gnostiques réconciliés.

Au lieu de bouder la Sainte Église ou sacrilèges de l'attaquer, nous la défendrons malgré elle.

La primitive Rome a refusé aux intellectuels leur stalle dans le chœur : et les intellectuels n'ont pas su pardonner, cette étroitesse excusable par son but : le salut du plus grand nombre.

L'hérésie n'est jamais qu'un orgueil humain se cachant sous les traits d'une idée. Or, la *Rose-Croix du temple* ne sera jamai. hérétique, parce qu'elle sait qu'il n'y a pas de raison contre la hiérarchie et que l'Abstrait papal vaut plus que toute énonciation.

Si donc l'Abstrait papal nous lançait une bulle, nous nous rétracterions, même ayant raison ; car il y a des crimes de lumière et il suffit qu'une vérité soit inopportune pour devenir erreur et que le Pape ait le droit de frapper la formule et sa manifestation.

Nous suppléerons à l'insuffisance du clergé, nous n'usurperons pas sur lui, à l'exemple de nos ancêtres les Templiers, qui avaient un chapelain et ne pouvaient recevoir aucune cléricature, ni charge ecclésiastique.

Ce qui a trompé les Esséniens et plus tard les gnostiques, ç'a été le spectacle du sacerdoce ancien où le commandement des esprits et celui des âmes, où la direction esthétique comme la direction morale appartenaient aux mêmes hommes, aux Mages.

Aujourd'hui le Mage va à la messe, tient pour un honneur de la servir et se confesse très humblement à un prêtre dont il ne supporterait pas la conversation deux minutes.

Ce déplorable divorce entre la pensée théocratique et l'action que Hugues des Païens voulut conjurer; cet autre divorce entre la perfection morale et la perfection intellective où s'épuisa Rosencreuz, voilà la matière de notre effort.

Dans l'ordre politique nous sommes vaincus, dans l'ordre religieux nous sommes déshonorés par nos évêques; nous n'avons ni une armée, ni même de dignes chefs.

Le *Gesta Dei per Francos* est fini, le cardinal Lavigerie a égorgé la dignité sacerdotale; désormais le fidèle peut arrêter le prêtre qui monte à l'autel, par cette phrase : « Es-tu assermenté ? »

En outre, le clergé en allant sous les drapeaux est devenu impur; il a vendu l'homme de pensée au bras séculier. Il faut cependant que l'idéal soit manifesté encore une fois avant l'invasion slavo-mongole, il faut que la latinité finissante livre à ceux qui doivent succéder, un livre, un temple, une épée. Il faut faire l'inventaire des trésors légués par le passé et des conquêtes modernes ; il faut surtout réaliser dans un mode susceptible de civiliser les Barbares qui vont venir.

Or, l'Art seul peut agir sur le collectif animique, à défaut de mysticité : nous connaissons tous, des croyants à Phidias, à Léonard, qui n'ont cure de la vérité catholique.

Insuffler dans l'art contemporain et surtout dans la

culture esthétique l'essence théocratique : voilà notre voie nouvelle.

Ruiner la notion qui s'attache à la bonne exécution, éteindre le dilettantisme du procédé, subordonner *les arts à l'Art*, c'est-à-dire rentrer dans la tradition qui est de considérer l'idéal comme le but unique de l'effort architectonique ou pictural ou plastique.

Sur un plan plus haut que les débats collectifs, nous sommes les réactionnaires ou mieux les *Chouans*. Pour nous, le jury des deux Salons cela s'appelle : « des bleus ».

Comme ces sublimes bretons, nous œuvrons chacun à notre guise, mais le sacré cœur au cœur ; mais le signe de la croix, en signe de ralliement.

Oui, soyons les Chouans, quoique notre culte de la beauté appartiennent à l'essence solaire, honteux de nos prêtres, chassés de nos palais, à la fois vaincus et rebelles, évoquons cet oiseau de Pallas Athéné qui figure la tradition et la vue dans les ténèbres.

Tout ce qui a du sang patricien dans les veines, tout ce qui n'est pas sans-culotte en art, viendra à nous, à nous qui sommes des volontés de lumière agenouillées devant Dieu, arrogantes en face du siècle.

Notre fomentation d'idéalité ne saurait porter sur l'idéal catholique, exclusivement, nous sommes du sentiment de ce sublime archevêque qui a fait exécuter Parsifal le jour de Pâques ; et nous n'hésiterions pas à préférer la *Passion* de Bach aux discours d'un Monsabré.

Heureux si nous pouvons former des artistes mystiques, nous exulterons même si nous produisons des
mystiques, des légendaires, des rêveurs.

Pour nous, l'humanité commence au héros et à la
princesse; je n'ai pas à vous dire que le héros n'est
pas le Bonaparte, ni la princesse, Mme de Metter-
nich.

Le héros est celui qui combat pour la justice, et non
le bandit national ; la princesse, la femme décorative
de l'âme comme du corps, et non celle qui a l'âme
fermée comme sa couronne.

La représentation de la contemporanéité, le marin
et le paysan, l'ouvrier et le bourgeois ne paraîtront
jamais à nos expositions.

Quant à la nature morte et autres insanités, et les
animaux domestiques, notre sentiment est unanime-
ment de les rejeter avec mépris.

Car, ne l'oublions pas, Seigneurs, nous n'existons
qu'en qualité de fanatiques : *en politique, la double
croix; en esthétique, la rose-croix ;* les dilettanti
n'ont pas à frayer avec nous; nous sommes les
Guises, mais ne luttons que pour la gloire de Dieu !

Ce qu'on nomme le réel, nous ne l'admettons que
sous la forme de l'iconique ou du portrait, à condition
que le personnage soit ou beau ou notable selon l'esthétique.

A notre prochain convent nous établirons nos
assises de réalisation.

Il ne me reste qu'à rappeler une loi occulte : quand
se forme un collectif verbal, il engendre un abstrait,

une entité spirituelle formée de toutes les adhésions ; c'est là, la théorie de l'infaillibilité du pape.

Ex cathedra, il est infaillible par l'entité ecclésiale qui s'élève jusqu'au souffle de l'Esprit Saint.

Ainsi, dans la *rose-croix du Temple,* mon autocratie ne doit s'entendre que des actes où je prononcerai en tant qu'interprète de notre collectif abstrait.

Mes imperfections d'artiste, mes errements de chrétien ne sauraient être imputés au Sar, pas plus que nous n'imputons au pape l'odieuse politique de Léon XIII.

Ce que je vous promets, c'est mon intelligence et mon sang pour raviver la rose sainte si elle pâlit.

Les cardinaux laïques ne s'assermentent pas. *Ad alta,* seigneurs, *ad posteriora;* soyons le Tout-Passé en face de Tout-Paris ; soyons l'enthousiasme en face de la blague, soyons des patriciens en face de la canaille. Soyons nous-mêmes et que nos personnalités, réfractaires au milieu où elles se meuvent, triomphent du péché et du public.

Brisons l'opinion d'abord, en attendant le jour où nous briserons les lois égalitaires qui nous gênent.

Balzac, Wagner et Delacroix nous soient en aide, et que saint Jean obtienne de Dieu la bénédiction de notre nouvelle chevalerie : *Pour l'idéal !*

Ad rosam per crucem, ad crucem per rosam, in ea, in eis gemmatus resurgam.

Amen.

Non nobis, Domine, non nobis, sed nominus tui gloriæ solæ.

LES V ARTICLES PUBLICS

DE LA RÈGLE

DES ROSES-CROIX ESTHÈTES

———

I

Pour entrer dans la R † C esthétique, il faut être présenté par deux parrains d'honneur, deux parrains de talent, quel que soit l'art où l'on œuvre.

II

Au cas au le récipiendaire forferait à l'honneur, les deux parrains sont chassés solidairement.

Aú cas où le récipendiaire forferait à l'idéalité, en collaborant aux journaux pollutionnels ou en dessinant avec irrespect sur le catholicisme, les deux parrains de talent seront solidairement chassés.

III

Une œuvre de R † C sera certainement exposée si le *Consultateur* l'a déclarée valante au vu de l'esquisse.

Sinon, elle est soumise au jugement du Sar, assisté de deux pairs.

IV

L'artiste R ✝ C demeure libre d'exposer où et quand il lui plaît, pourvu qu'il envoie tous les ans au Salon de la R ✝ C une œuvre spécialement faite.

V

En cas imprévu dans la Règle et en tout conflit d'artiste avec les Commandeurs, l'autorité du Sar, étant abstraite, est absolue.

La suite de la Règle ne sera communiquée qu'au postulant.

. . . .
. . . .
. . . .
. . . .
. . . .

On peut écrire, dès à présent, au Consultateur esthétique pour 1891 : Gary de Lacroze, 40, rue du Général-Foy.

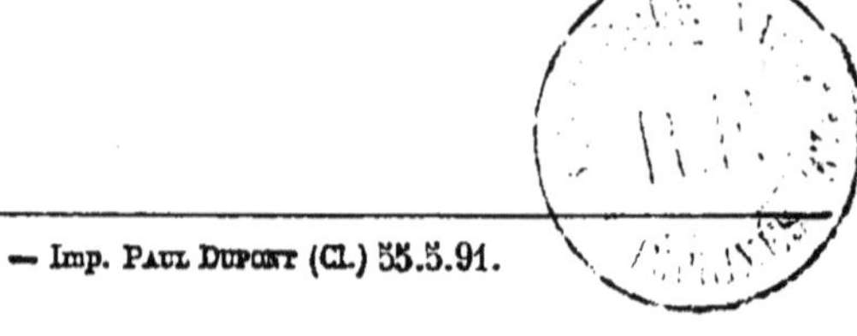

Paris. — Imp. Paul Dupont (Cl.) 55.5.91.